PARTITURAS PARA EL VIENTO

Daniel Macmillen Voskoboynik

Ilustración de cubierta:
Oscar Ramírez
Diseño interior:
Oscar Ramírez

Partituras para el viento
© Daniel Macmillen Voskoboynik, 2016
© Editorial Zikoren, 2016
Todos los derechos reservados.
ISBN: 978-0-9956914-0-7
Publicado bajo el sello Editorial Zikoren.

Nota: Los poemas "El horizonte, Akyarlar" y "La marea, Tajura" aparecieron anteriormente en inglés en *The Missing Slate*. Extractos de las secciones "Borramores", "Apertura", "El incendio", y "La gramática del instante" aparecieron en las revistas *Resonancias* y *Letralia*. Versiones de "El recibo" y "Dos versiones de la muerte" fueron publicadas en la *Antología Mays* 2013 y 2014.

ÍNDICE

A mi familia,
por ser.

Abrir

RECORDATORIO PARA SALIR A LA CALLE

El hecho es una historia culminada.

Cada persona es un mundo callado
un universo de coincidencias estrelladas.

Nadie elige su infancia
sus apegos ni sus inviernos.

La tristeza está hecha de arcilla.

La alegría es hermana del respiro.

El paraíso depende de una mirada aguda.

DOS VERSIONES DE LA FRAGILIDAD

Durante su sexto otoño, mi hermano mayor
concluyó que los pulmones eran pequeños
globos de aire que se vaciaban con el tiempo.
El mundo se dividía entre personas con
pulmones grandes y vidas largas, y personas
sin fortuna, que tosían hasta la escasez.
Morir, significaba quedarse sin aliento.

Una noche, Mamá nos dejó para que nos
bañáramos. Sabiendo que cada respiro era
una bocanada más cercana a la separación,
mi hermano me arrancó por la espuma y
aguantamos hasta la longevidad.

* * *

Comenzó con rumores. Luego con preguntas.
Las dudas se tornaron gritos.

Dos hombres corrieron reciamente, levantando
la arena. Llegaron al mar, llamaban al mar, pero
no respondía. Empezaron a nadar furiosamente,
abriendo y revolviendo cada ola.

Un hombre se había ahogado.

Algunos barcos lo buscaron toda la noche pero
no lo pudieron encontrar.

Mi hermanito no sabía que era el ahogo, ni que
los cuerpos podían desaparecer. No entendía
el luto o la agudeza de lo incierto. Pero había
aprendido que morir significaba convertirse
en agua.

Unos meses más tarde, en la pileta barrial,
mi hermanito aprendía a nadar, o a vivir.

Y entre aleteos sufridos y bocados de agua,
susurraba

Todavía no. Todavía no.

PROPORCIONES

Los lugares de la infancia
eran amplios como el cielo.
En los patios, las rutas, los parques
cabía todo.
Con la edad, el mundo se achicó.

Los dolores de la infancia
eran efímeros como los eclipses.
Las dudas, los desamores, las heridas
morían con las horas.
Con la edad, la pena se alargó.

LEILA

Los exámenes precisaron la pesadilla: Leila iba
a llegar al mundo con un corazón envejecido.
Aguantaría unas horas nada más.

Marjan y Yunes estaban decididos: *en esas horas,
vamos a darle una vida entera.*

Y fue así. La abrazó una familia que llenó
las alas del hospital. Entre todos, adivinaron
recuerdos, compensaron su risa muda, dijeron
las palabras que algún día hubiera aprendido.

Leila se dormía y despertaba, asombrada
ante el universo nuevo. Su corazón, nutrido
de amor, respiraba. Las horas se alargaron y
tejieron un día entero.

Al anochecer, ella se despidió y volvió al sueño
que la parió.

NOTA PEATONAL

La noche se desploma sobre
este remanso de soledad llamado
ciudad
donde parquímetros pierden el tiempo
y economistas sin título pesan
el auge de agobios.

El aire volátil
atascado entre rieles
vela a los próceres anónimos
viajeros avezados
que cruzan rutas colapsadas.

Ellos congregan en la estación colmada
donde apaciguan sus cansancios.

Algunos se entregan a melodías.
Algunos recuperan el almuerzo.
Otros se hunden en libros sobre constelaciones
aprendiéndose las estrellas
para imaginarlas sobre el cielo vacío.

ALCANZAS, O CANCIÓN AL AMIGO

sube
entra a mis ojos
mírate
eres una respuesta al amor

no cargo palabras precisas de aliento
pero si me prestas tus manos
las trataré de llenar con
versos sustraídos de tu mirada

intentaré reunir las lágrimas
que serpean por tu silencio
todas las brasas que guardaste
para hundirlas en tierras aradas

en algunas épocas las tormentas son frecuentes
pero si tejes una manta de remiendos
podrás despistar el agua o
encender un metabolismo de valor

y cuando calle la lluvia
caminaremos
por el mundo que has cambiado
hasta encontrar
el tono de oscuridad
que cubre las cicatrices

CRÓNICAS

heridos. inundan. futuro.
tribunal. sospecha. confianza.
gasto. grave. optimismo.
dignidad. declara. reunión.
riesgos. anuncian. paro.
arrancó. tragedia. despierta.
público. asume. urgencias.
hoy. encarcela. mañana.
indicios. manifiestan. soberbia.
planes. importados. crecen.
municipios. refuerzan. discurso.
boletín. renuncia. valores.

Los sucesos crujen entre márgenes.

Hechos
enjaulados en un papel pulido
que redacta
cifras sin rostro
porcentajes de la verdad

que filtra la mirada
y delinea las asíntotas del amor.

EL RECIBO

María está cansada.

Han sido demasiados días de trabajo,
lustrando fantasías, desempolvando las alacenas
del infortunio, uniformándose de Madre.

Los días se engruesan, y para descansar le queda
poco más que hilar santos entre sus dedos o
prestarle deseos a caras telegénicas.

Por las noches se abriga con paredes angostas.

Piensa en el Cielo y sueña con un recibo telefónico
que se extiende y se desenreda
como una alfombra pasmosa
por las sierras y los ríos y los valles
sobrevolando baches y caminos cascados
para llegar después de mucho
pero mucho
a casa.

ORIGEN

Ven a mi patria de partes
una parte de particiones
otra parte de partidas

Yo nací ahí
en lo ajeno

ABRAZO DE CUMPLEAÑOS

La medianoche marca
su melancolía pero
hoy no evita ser tu día.

Así que entra
en el auténtico obsequio,
un refugio de recordatorios:

No olvides
que siempre hay tiempo para cambiar
para preservar
para acostumbrarse al nuevo número
hincado en el ser.

No olvides
que la edad es privilegio
que las velas son tu cuerpo
en frágil desvelo.

No olvides
que el tiempo vuela porque huye
y todo lo que huye vuela
hacia algo mejor.

No olvides
que el mundo es y será un paréntesis herido
una fuga de posibilidades.

No olvides
que el tiempo es vida
y el tiempo sin amor
no vale la pena ser contado.

No olvides
que la muerte
es el miedo a ella.

NOCTURNE

en la playa desierta
nos sentamos entre restos
de relojes de arena

los focos del puerto
los ojos de los barcos
queman la tela negra del horizonte

escuchamos a la marea
su tímido beso a la ribera
el cauce de su eterno adiós

el agua lava manchas de luna
soltando la canción del cansancio
que nos cede a la noche
y su olvido de luz

LA DESPEDIDA, CONTADO POR UN FAMILIAR

En los meses que llegaron después de la muerte de mi abuelo, lo iba a visitar con frecuencia. Cada martes, cuando salía de la facultad, me tomaba el bús y llegaba al cementerio. Pasaba una hora ahí, sentado en un banco frente a la tumba, conversando y recordando.

Cada vez que iba, veía a un hombre a unos quince metros que rezaba frente a otra tumba. Oraba en murmullos, entonando cánticos, inclinándose, rindiéndose a la tierra.

Cada martes él seguía ahí. Una vez a la salida le pregunté a un trabajador del cementerio por el hombre.
– Ah, Moisei. Hace casi un año que viene todos los días.

Un martes no lo vi más. Volví la siguiente semana y tampoco estaba. Guiado por la curiosidad, caminé hacia la tumba, donde letras doradas, áureas en su fresca pintura, dictaban

MOISEI NAUMOVICH BLUMIN

ASTOR

Nunca lo llegué a conocer
pero me hablaron de él:
tres taxistas, algunas exhalaciones.

Me contaron que
interrogada, estrujaba la noche,
imprimiéndola contra el viento.

Que encendía las arritmias
con el galope de sus dedos encrucijados.

Que rasguñaba, apuñalaba el marfil,
con tal de hacer que confesara
la Hermosura.

Me contaron que se fue,
en un julio entumecido,
dejando nada más que sus partos.

No sé si les creo.

A veces lo veo por ahí,
tendido sobre una triste tecla,
mostrándome las fricciones de la melancolía,
trazando los mapas de mi propia ciudad.

OPCIONES

La vida: brevedad alargada por _____
a) duda
b) deseo
c) duelo
d) desafío
e) delirio
f) dignidad

LA PELEA

Si la literatura es un arma
yo me abstengo de su combate desmedido.

Por favor
dénme la tinta bien desmilitarizada
una hoja lisa como el alba
vaciada de sus quebraduras.

La voz sin paz es un portafusil
un depósito de rencor embalado
un arsenal de descargos ligeros.

Que no se ignore:
las guerras nunca terminan, se trasladan.
Los estallidos se aquietan y se refugian
en otros cartuchos.

Las sílabas miden al mundo.
Lo refundan, lo restauran,
lo levantan entre sus ripios.

¿Dónde se podrá alistar para la sutura?

A enfrentar a la injusticia con mordaz ternura
a la sequía con afecto sembrado
al disfraz con eterna desnudez.

EL SONIDO MÁS BELLO

Durante mi doceavo verano, mi abuelo reunió
a la familia y declaró: *Antes de dejar este mundo,
quiero mostrarles la ciudad donde nací.*

El próximo año, arreglamos para visitar.
Llegamos a su ciudad y nos quedamos en un
albergue que se encontraba al lado de un
sanatorio. Yo no sabía que era un sanatorio, pero
mi abuelo me explicó que era un lugar a donde
iban las personas a recuperarse, o a morir.

Por las noches, mientras esperaba la llegada
del sueño, yo miraba desde la ventana hacia
el sanatorio. Podía ver una plaza bordada por
bancos vacíos, arboledas de abedul, senderos de
adoquín, y unos edificios estucados.

Miraba e imaginaba a las personas que vivían
ahí, las vidas que habían tenido, las vidas que
venían despidiendo.

Una noche la plaza se llenó de luces. Un
parlante exhalaba canciones de otros tiempos.
Manos sobre hombros, las parejas mecían
lentamente. Sus risas, sus pasos en destiempo,
entrechocaban con las melodías.

Con el alma alborozada, miré hasta que me
quedé dormido, entre la música callada de la
sobrevivencia.

SAUDADE SINSENTIDO

como te lo digo
extraño lo que no estuvo
pierdo lo que nunca tuve
amo lo que nunca vi
lloro lo que no perdí

PROBLEMAS HUMANOS

Tenemos los analices.
Tenemos las causas estructurales.
Tenemos las conclusiones cansadas.
Tenemos bibliotecas colmadas de contexto.
Tenemos el léxico inequívoco de la explicación.

Pero a pesar de las certezas
y las complejidades
yo simplemente sigo sin entender
a los humanos
portando armas humanas
acatando leyes humanas
usando palabras humanas
para herir a humanos.

ORFANDAD

cuando era niño
solía colorear mis miedos

ésta es la familia que perderé

éste es el luto que acunaré

éste es el santuario que construiré

ésta es la foto que mi billetera tendrá

cuando era niño
tocaba el futuro ardiente
y me arredraba

EL LIBRO DE MUCHAS NOCHES

Aquí en el desierto de pasos
las salas comparten nombre:
proyecto de pérdida

La mayoría recibe a peregrinos
que se enredan en la luz amarga
vomitan nudos
y dan besos de poemas aguantados.

Pero algunas salas no reciben visitas. Solo pasan
enfermeras apuradas, sin tiempo de cariño.

Durante sus recreos, Karina visita las salas
olvidadas y presta su oído. En su cuaderno
curtido anota los últimos desahogos:

Mija, la muerte está tan cerca que no veo nada más.

Aquí estoy, inmolándome, en el lento fuego del tormento.

Con la vejez todas las heridas quedan abiertas.

Estoy tan lejos, tan lejos de mí.

No fui nada, pero me pasó todo.

Lo hice, lo hice. Completé una vida, su repertorio de pesares.

Yo lo único que te aconsejo es hablar querida. Hablar.
Todos custodian sus dolores. Tanto. Tanto que nos peleamos
con los que más conocen nuestro sufrir.

Di la verdad, y ella nunca te abandonará.

OPCIONES II

El amor:

a) la soledad por otros medios
b) el dolor por otros medios
c) el capricho por otros medios
d) el alcohol por otros medios
e) la amistad por otros medios
f) la obsesión por otros medios
g) la impotencia por otros medios
h) todas las anteriores

MUDEZ O CON PERDÓN A LA PALABRA

si las palabras bastarían
las cosas serían su lenguaje
pero la realidad rebosa

concedo
no soy una persona locuaz
tartamudeo como una farola rota
las frases las tengo que pedir prestadas

pero no puedo esclarecer
la inmensidad del sentir
la mágica intensidad de lo mundano

no logro explicar
como la belleza estalla de la calle
como la luz desborda en la noche
o
¿cómo te lo explico
si nombrar es mermar?

el céfiro, la caricia
la emoción sin causa
la caravana de nubes
la calle vaciada, el limonero
la tácita ternura, la cintura de luna

cada átomo de amor y amistad
todos los gradientes del cielo
la melancolía ventanal del colectivo
las inagotables formas de la levedad

todo se esfuma
en la boca del sincero

COMPOSICIÓN

La arena
está hecha de naufragios.

Si nuestras mantas
fueran alas

*Después de Abdul, Abdullah, Abobakr,
Ali, Alya, Ahmad, Carlos, Deyar, Fatima,
Hamza, Hamudi, Ishmael, Mahmoud,
Mohammad, Moussa, Nur, Zhohanna, Zirak
y tantos otros que forjaron los caminos*

I.
ESCRITO EN UN SALVAVIDAS, MEDITERRÁNEO

Si me encuentran
llamen a mi madre.

Díganle que no llegué
que intenté pero no pude.

Si me encuentran
reconocerán mi cuerpo
por su nombre en mi boca.

II.
AGUAS DE OCTUBRE, LAMPEDUSA

los dos flotan
o vuelan
mirándose
en el lento columpio de la corriente

el beso umbilical
los ata en
un abrazo a distancia

Ella
cumplió la promesa de su abuela
fue madre por un instante
dio a luz en la oscuridad

murió viéndolo
abrir una vida
que terminó sin comenzar

III.
LA MAREA, TAJURA

Ésta es una casa.
Ésta es una espalda.
Ésta es una manta.
Ésta es una mano.
Éste es tu primo.
Ésta es una alfombra.
Esto es un camino.
Ésta es una canción.
Ésta es una historia.
Esto es un camión.
Ésta es la fuerza.
Esto es el otoño.
Esto es un amigo.
Ésta es la espera.
Esto es un juguete.
Esto es el aire.
Esto es un nombre, tuyo.
Esto es el mar.
Ésta es una promesa.
Esto es

IV.
EL HORIZONTE,
AKYARLAR

El sistema métrico olvida
pero cada kilómetro tiene su propia distancia.

Algunos encajan en la punta de un dedo.

Algunos caben en nubes o respiros.

Algunos se calculan con árboles que pasan
o con tarjetas de llamada.

Otros miden el largo de una vida.

V.
UN RUMOR EN EL VIENTO,
IDOMENI

Del otro lado de la frontera
hay un astrolabio.

Invoca a los ángeles
que guían a los barcos.

Llama a las lluvias
que consuelan a los fuegos.

Marca los puntos ciegos de las bombas
y donde brotan los cerezos.

Traza el perímetro de la paz
y cuenta el futuro cierto en su mapa.

Hay un astrolabio
del otro lado de la frontera
allá donde no estamos.

VI.
GRABADO EN UNA PARED, HODEIDAH

Si la muerte es inevitable
¿cuándo morirá la muerte?

VII.
NOTAS SOBRE UNA ESCENA
DE CRIMEN, AGADEZ

Manchas de sorda luz.
Perfume de escarcha.
Reliquias de llamas.
Botellas sudadas.
Hollín de respuestas.
Cuerpo arrastrado por aves.
Sura susurrada.
Purga de inocencias.
Pozo de polvo.
Silbido de asma.
Conteo de roturas.
Adioses estorbados.
Lenguaje en fuga.

VIII.
EL SUEÑO DE OMID, KUNDUZ

Ayer soñé que dejamos la guerra.

Los campos se plegaron como alfombras enrolladas
y ruedas surgieron de los edificios.

Los árboles se desarraigaron
los bancos se destornillaron
y el parque se echó a caminar.

Cargamos el alminar como cuerpo
y guiados por farolas tambaleantes
arrastramos nuestra ciudad hacia la vida
dejando a la guerra para que se maltrate sola.

IX.
NAILYA, NAURU

nunca fui nada
solo la sigla de un ser

por eso libero
la tinta en estos brazos
para que trace mi única semilla

X.
CLASIFICADOS, ALEPO

Se busca piedad.
Se busca piedad.

XI.
INTERROGATORIO, ISLA DE MANUS

08:08
me fui de mi país
sin saber su nombre

10:29
estamos hechos de agua
yo de la que tragueé

11:53
¿cuánta muerte puede
 entender una persona?

15:31
más que nada tengo miedo de mí,
del destino de mi recuerdo

17:12
disculpe pero no tengo esa respuesta
¿no sabe que las palabras
son el botín de la guerra?

18:44
no me gustan las leyes
pero ellas obedecen al universo

XII.
FIRMADO SOBRE LAS RUINAS, IDLIB

No me voy de aquí.

No abandono esta ciudad.

No dejo esta casa.

Dejo mi muerte
buscando a la vida
para que me regrese.

XIII.
EL CAMINO,
LLEGANDO A MAIDUGURI

en la escuela
nunca aprendí a morir
a olvidar a sanar

ahora estoy aquí
con el examen enfrente
y el aula vacía

XIV.
EL SHOCK DE ASIF, DAR'A

Nací en una aldea sin agua ni electricidad.
Vivíamos en el campo, lejos de todo. Mi familia
cultivaba verduras, y dos veces a la semana
viajábamos a la ciudad en la carreta para vender
nuestros productos en los mercados.

Salíamos en plena noche, y cuando nos
acercábamos a las ciudades, a mi siempre me
maravillaban sus luces en el horizonte. Eran
como pequeñas estrellas, sembradas en la
piel de lo oscuro. Cada mota, cada poro de
albor, era un hogar. Para mí era magia.

Con el tiempo nos mudamos a la ciudad y ese
recuerdo quedó abandonado.

Regresó de golpe el día que me aplicaron las
tenazas. Suspenso, sentí el voltaje de la afonía.
Mordí mi lengua. Escupí mis dientes. Perdí la
conciencia.

Desperté en un charco, exclamando el nombre
de mi padre.

XV.
SÚPLICA, SAN MARCOS

lluvia ahumada
abandona la tierra negra
y riega este vacío

lava nuestro delirio de dolor

libera a nuestras bestias,
raíces de la pena,
enjauladas en el silencio

XVI.
EL VIAJE, MAR DE ARAFURA

lo que rememoro es el estruendo
la furia de bramidos

las estrellas caían al mar y se ahogaban

nuestro barco de papel malescrito
crujía sobre rejas punzantes

yo aullaba, rogando por un ancla del azar
hasta que una lágrima
se desprendió del mundo
cayó en mi cara y
quemó mi lengua

XVII.
TRAGEDIA

Una cosa es contar los muertos.

Otra, quererlos.

El incendio
די פֿיַיער

I.
LOS TESTIGOS DE VISHTINETS

Los árboles no pueden dormir.
Zarandean rotos en el silencio,
atónitos.

Sus ramas rehílan de impotencia.
Nunca más sostendrán
voces que ya no pueden trepar.

La noche alargada no ayuda
resoplando sobre las
heridas ardientes en las cortezas
desolladuras que dejaron las balas.

El bosque ya no aguanta más
y en pleno verano invita al otoño
para que suelte una lluvia de hojas
y abrigue a los cuerpos
con una manta de lástima.

II.
LA PRIMERA REUNIÓN MUNDIAL
DE SOBREVIVIENTES, JERUSALÉN

¿Dónde?
¿De dónde vienes?
¿De dónde vienes?
¿De dónde venías?
¿De dónde?
¿Conoces a?
¿Sabes algo de?
¿Sabes?
¿Viviste en?
¿Viviste?

Algunos anticipan las preguntas con carteles

Edzia Milich
Piontek, Ulica Nowa
Łódz

Todos circulan por el auditorio
en órbita de ilusión
ciñendo la mirada para acertar
alguna juventud ajada
unos ojos del recuerdo

Sentada en un banco
una mujer exhala

Vine aquí por alguien
a quien no voy a encontrar.

III.
GENEALOGÍA

Ha tardado setenta y tres años
en acumular las fuerzas necesarias.

Vamos, pide.

Cargamos nuestros instrumentos:
tres nombres y una dirección.

Caminamos por bases de datos
por censos de ausencias
hasta llegar a ninguna parte.

Quizás, dice
la crueldad de su asesinato
no es el anonimato,
es estar perdido en un mar
de nombres.

Se hunde en su silla
limpia la luz de sus ojos.

Su padre sigue perdido en los abismos del ayer.
Nosotros también.

IV.
GARGANTA

"¿Quién recuerda a los armenios?"
"¿Quién recuerda a los cátaros?"
"¿Quién recuerda a los minuanes?"
"¿Quién recuerda a los harala?"
"¿Quién recuerda a los elamitas?"
"¿Quién recuerda a los dzungares?"
"¿Quién recuerda a los basarawa?"
"¿Quién recuerda a los selk'nam?"
"¿Quién recuerda a los nogai?"
"¿Quién recuerda a los khoikhoi?"
"¿Quién recuerda?"

V.
OYNEG SHABBES

La memoria es un vientre
insistía Ringelblum.

Si le confesamos a la verdad,
ella hablará de nosotros.

Afuera auguraba el ahogado de epitafios.

Descontando del ábaco de asedio
los archivistas se pusieron
a enfardar las presencias:
cartas, envoltorios, bromas,
sollozos, panfletos, burocracias
las mil sentencias de muerte.

Cuando la mecha tocó la puerta
abrieron la tierra con dedos negros de tinta
sepultando a las historias
para que renazcan.

VI.
ALMARIO

En nuestras familias
el pasado se recluye en armarios de vidrio.

¿Qué podemos hacer? Somos ciudadanos de una
república de quemas. Tenemos que obedecer las
normas de la nada.

Los estantes jorobados se inclinan
abrumados por liturgias desleídas
artefactos del recuerdo
y novelas que no encuentran tiempo.

Abandonadas, las páginas se leen a sí mismas.
Un Dios mudo se esconde entre las letras.
Parientes distanciados
se encuentran en álbumes de fotos.

En la cúpula del armario
reposan los álbumes vacíos
promesas eternas de los que no llegaron.

VII.
MARTIROLOGIO

la tierra es mucho más que nosotros

cobijó a tantos cuerpos
nunca rehusó a nadie

en el diccionario
hay cientos de miles de entradas

en las enciclopedias más extensas
un poco más

pero la historia de todas las vidas que se robaron
quebraría la espalda de cada libro
las piernas de cada mesa
la conciencia de cada testigo

lo único que alcanza es la tierra
y nuestra memoria, exigua

Hoy es siempre todavía

I.
ABUELA:
EL VARNIZ QUE DESPRENDE

la casa huele de yerbas que no han curado
del cansancio que campea entre las cortinas

aquí, con los años hasta el tiempo envejece

ella mira la calle regada
frega la mesa rociada por lágrimas de cera

repasa su colección de pérdidas
acuna cada memoria deshojada
perdona los deseos que desembarcan
en las orillas de su fuerza

a veces trata de hablar
pero su voz confluye con el viento

cuando mengua el sol
ella
se enajena del día
para recostarse en la noche
con su filtro de olvidos
y despedidas

II.
ABUELO: EL CANTOR DE EXILIOS

Mi abuelo nunca me contó
que no podía escuchar.

Había quedado sordo por el ruido
que deja una persona al irse.

III.
ABUELO: EL VIAJE VACÍO

en las noches
mi abuelo respira con dificultad

pedalea por los valles del sueño
montado sobre su bicicleta roída
que ruge por ranuras de ripioso recuerdo

la artritis arde pero la ignora

Él vuelve
a la hermana que se fue temprano
a la madre que ya no está
al padre que nunca vio
al país que perdió

IV.
ABUELA:
LA ENFERMERA MINUCIOSA

lágrimas navegan su delta de arrugas
bajan hasta la ribera del labio
y empujan las ruedas de agua, su habla

La única forma de curar una infancia triste
es con una adultez de afecto.

V.
ABUELO:
EL JARDINERO DE CERTEZAS

Mi abuelo ya casi no habla
solo confiesa.

Acomoda sus libros rezagados
y aparta sus lamentos:

Demoré una juventud
hasta que la perdí.

He pasado una vida
pensando en el pasado.

Borramores

MARCO DE UN POEMA DE AMOR
(FALLIDO)

este es un poema que te recuerda

no habla de la poesía
no enumera los inexistentes adjetivos de ti
no impone estrofas en tu voz
no pretende lo que no puede

solo intenta ser un marco
a la medida de tu luz

solo traza el perímetro perpetuo
y lo deja en blanco

BAILE

Vasos, nosotros entrechocados
en el ritmo fumante de anhelos en flor.

Me pierdo entre espaldas
y pétalos de luz
mis pies cautivos del rubor.
Ellos siguen a la espera
del compás de la vergüenza.

Me iría más rápido pero
tengo la mirada arrancada
por una pasajera de la levedad
que redobla y reviste a la belleza.

La música halla su cuerpo
desagua en él
pero ella le impone sus pausas
soltando la gravedad y sus leyes.

Los astrónomos estiman
la edad de las estrellas
por la velocidad de sus vueltas
pero ella aturde la ciencia
dilatando la juventud.

Cuando puedo
salgo por un bocado de aire
en la noche que ya anochece.

En mi pecho respira un dolor colegial
sin cura
sin nombre.
Lo envuelvo y vuelvo
tiritando de frío
en las vísperas del empezar.

CONFESIÓN CELULAR

Las palabras valen tan poco
hasta que tú las escribes.

MIOPÍA

Hasta que corrigieron mi vista
las estrellas eran idénticas a tus lunares
las constelaciones a tus confesiones
la brisa a tu respiro
la oscuridad a tu piel
y la infinidad a ti

LA TERNURA

nace la música en sus trombones de nieve
cuerdas cruzan el istmo y enlazan la mirada

trepida el labio con la pregunta
cargo un cuerpo de carozo
¿cómo desaprendo su coreografía de efugio?

su mano abre una alfombra de azahares
por los ríos de su palma deriva lo indecible

bajo el tragaluz
tocan bocas de cenizas
aúnan con la aurora del encuentro

el corazón es un cuarto oscuro
donde precoces tintas de tiempo
revelan el impulso

DECIR

Me culpa explicarlo pero
tus ojos arden la música
de lo que no puede ser.

Te la cantaría, pero no puedo.

Mi voz sale asfaltada.
Las notas, rastros de luz,
nacen estorbadas, asustadas por el viento.

Un día, quien sabe cuándo,
me llegarán las palabras necesarias
para traspasar las aduanas de la desmentira
para desarmar el equipaje de esta ineptitud.

Pero hasta que llegue ese día
aprenderé a quererte con
meras miradas y meros silencios
y le pediré al cielo que irrigue
a mi voz con el ímpetu del mar.

EN CAMBIO

Confíame
con un sílabo de memorias
y aprenderé la silueta
de tu ser.

Préstame tiempo
lo suficiente
para aprender a leer a tu mirada.

Yo te entregaré mis cicatrices
mis silencios malhablados
mis errores ineludibles
la lealtad de mi escucha.

EVIDENCIA

Para que sepas
te daré un muestrario de mis esperas:
las tardes arrojadas
las fatigas escurridas
los testigos de mis lapsos
el peso contumaz del anhelo
cada fuego ahogado de palabras
el canto de mi timidez
las sombras de tu voz
y los azotes de tu nombre.

ES DECIR

te amo
es decir callo
es decir desfogo
es decir intento
es decir fracaso
es decir lo siento
es decir
te amo

TREGUA

A veces
lo único que quiero es

caer

caer

caer

en las redes
de tus palabras.

CIFRAR EL AMOR

El corazón clama
por la matemática.

El corazón clama
por fechas
por exactitudes
por ecuaciones
por fórmulas
por medidas.

El corazón clama
por respuestas
que nunca alcanzan.

PROMESA DE LEJANÍAS

Amor
la distancia está hecha de aire

respirar es acortarla

SIN TI

en mi corazón
se asienta
el agua estancada del dolor

intento parpadear pero me equivoco

trato de leer
pero solo percibo
el alfabeto de tu nombre

en mis arterias
laten imágenes de ti
supliendo a mi pulso

aquí estoy
así estoy
fruto de sequías
sombra de sombras
asido a tu embajada abandonada
en mí

lo admito:
mis cinco sentidos
ya no sienten nada más
que tu ausencia

EL ESPANTO

Después de cada desamor
llega el temor más temido:
el miedo a no poder amar.

La duda queda atollada:
no habrá nadie más
no habrá forma
de aluzar esta ausencia.

Por mucho tiempo
yo dejé de creer en el amor.

Por mucho tiempo
yo solo seguía caminos
si pensaba que eran tus venas.

Pero la insolencia del impulso
me arrastró hacia el aliento.

El amor es un viento que vuelve.

La gramática del instante

CANCIÓN PARA NO DORMIR

Arrímate insomnia luna y
compartamos tu día.

Me contarás de los infinitos
y yo de porvenires terrenales.

Reiremos de la luz que apaga
y del calor que miente.

Cómplice de mis sueños
podrías bendecir a mis penas
yo tus soledades
y estaremos así,
hasta que respire el alba.

VACACIONES PARA UNO

En el café
Hasok desayuna silencio
esperando que lo atraviese la mañana.

Durante el día
le pasa su cámara a otros
mira a las parejas
se declara jaque mate
abre los regalos que pagó
hace el amor con su pesar.

En la última noche de año
sube a la terraza de un hotel sin nombre
para escuchar al estruendo de bengalas
rebotando por el valle.

Adentro suyo
en páginas blancas bajo su
armazón de soledad
reescribe una resolución.

VECINO

tengo un vecino
que arma espejos con palabras sueltas
y los deja en la puerta

otros días
me envía carpetas de blancos y negros

a veces
revuelve mis papeles
y me acusa de mentiroso

muchas noches
no me deja tranquilo
quemando música en el jardín

nunca le respondo
porque no sé donde vive

PREGUNTAS AL QUE VIVIÓ MUCHO

¿Cómo se sana a la herida compartida?
¿Dónde nace el río?
¿Dónde se engruesa al tiempo?
¿Cómo se amarran velas a las ansias?
¿ Dónde se podrá atinar con la ablución?
¿Quién sabe morir?
¿Cuáles soledades son abolibles?
¿Cómo sofocar al impulso de la culpa?
¿Cómo proteger sin mentir?
¿Por qué llora el árbol?
¿Cómo se escucha a la noche?
¿Dónde triunfa la eternidad?
¿Existe el amor indoloro?
¿Quién tendrá la última palabra?
¿Cómo vivir las preguntas?

UN ACCIDENTE, FLORES

Septiembre.
El cielo de la tarde tuerce
para drenar tiempo de las nubes
cuando
un metal aullante perfora el sosiego.

La Incomprensión entra lentamente
y se olvida de cerrar la puerta.

Alguien grita por su vocabulario perdido
mientras figuras de luz invocan a la Resurrección.
Miden pulsos con sismógrafos
que registran derrotas.

Ya es tarde cuando llega el equipo de limpieza.
Ellos arrastran los escombros – aluminios mutilados,
sueños trizados, preguntas irrespuestas –
hacia vertederos.

Mañana, otros llenarán la tierra.

SILENCIOS – I

traté de atrapar a tu voz
pero quebró entre mis manos

ORQUESTA TÍPICA

cae la luz
sucumbe el silencio

el violín arrastra su llanto
por las octavas

el bandoneón expira
vocablos cimbrados

el piano emana
el sincopé seco del sonido

el contrabajo pulsa
el latido insolente

juntos, trenzan
las cuerdas sueltas de la harmonía
— sal de la música
envidia de vida —
y las sueltan

para que vuelen
entren al alma
acomoden los estantes
y cambien el aire
por un instante

AMOR DE HIJO

Con mi madre compartimos cuerpo.
Con mi padre, juramento.

Hay noches que no logro cerrar
porque funambulistas vestidos de mis padres
bailan en el antepecho de mi ventana.

El amor inventa pesadillas para protegerse.
Al fin y al cabo
quizás prever las tristezas
es la única forma de alejarlas.

Antes
no entendía las preguntas de mi padre
las ansiedades de mi madre.
Hasta que las heredé.

Sigo sin entender muchas cosas.
No sé lo que es dar a luz.
No sé lo que es que no te escriban en la noche.
No sé lo que es ser agostado por el inquietud.
No sé lo que es llegar a un hospital y pedir por
una hija.

Pero si sé que con los años me hago más hijo
y que el árbol entero no alcanza
para reconocer a la raíz.

TAXONOMÍA DE LA MEMORIA

Cuando los nietos arribaron a la adolescencia
Kadir decidió que era hora de prestarles
los saldos de su vejez.

Hay cuatro tipos de memoria:
memoria de dolor
memoria de olvido
memoria de nostalgia
y memoria de calor.

¿Cómo manejar la memoria?

La cuestión es desviarla:
que la nostalgia camine hacia el calor
y el dolor hacia el olvido.

RETRATO DEL REFLEJO DESAMADO

1.

ella
estruja el papel y llena su pecho
maquilla sus mejillas de sal
reprende el oleaje de su pelo
desliza dudas entre sus dientes

se cubre
hasta que no se reconoce

2.

cuando la cortina no alcanza
taja los grifos de la vena
para inundar
los cuartos vacíos de su sentir

3.

en cuadernos de bocetos
cincela

yo no me elegí
yo no me elegí
yo no me elegí

4.
un día
abre sus cerraduras
vivo para que me perdonen

5.
Amor,
el odio
a nosotros, al otro
es la venda que no vemos

6.
poco a poco, puliendo los minutos
expande sus pulmones
enmudece las manchas
reverbera su armadura
refrenda su sueño

repite:
el espejo nunca cuenta
carencias del cuerpo
solo carencias de la mirada

7.
tarda una vida
verse en el espejo

CONFESIÓN DEL ESCRITOR, DE LA PERSONA

¿Por qué escribes?

Porque las palabras tienen vidas largas y yo no.

DEPENDENCIAS

No hay amor sin soledad
ni crimen sin piedad.

No hay mares sin lunas
ni gula sin hambruna.

No hay luz sin noche
ni vestido sin broche.

No hay callo sin canción
ni hecho sin interpretación

El agua abraza al vaso
los ojos, al mundo que ven.

La calle es su andar.

La brisa, su oleaje.

El encuentro, su coraje.

Y nosotros,
un pasado en presente
hurgando por el futuro.

NI UNA MENOS

en la noche sin luna
un hombre regresa
a la casa de golpes

en el día sin fin
ella arrastra su aguante
por ritos de reproche

ahí donde no llega el notario
el insulto tatúa su magulladura
la causa imputa a la herida

ya es tarde
lágrimas de fuego han fundido
un paisaje de posesión

pero la historia es un forcejeo
de posibilidades
del párpado con la oscuridad

que caigan los horizontes
los roles labrados
los techos las premisas

LA COMPOSITORA

Camina por los llanos pluviosos de la imaginación
en busca de cada permutación de la belleza.

Pincel en mano
de su tinta afloran bosques de notas
enmarcados entre las ramas del compás.

Al terminar la transcripción
seca el color de sus manos
hidrata lo que avenó.

Algunas noches visita a sus viejas partituras.
Se sienta en las últimas filas del teatro
y observa su caricia, su eclosión.

Cuando las tapa el telón
una periodista entrega su micrófono
y ella musita su secreto:
componer no es más
que robar un trozo del cielo.

GLOSARIO INCOMPLETO.

Acento: impresión de un hogar.
Aceptarse: materia prima del amor.
Caminar: asumir la distancia.
Escribir: enmarcar la fragilidad.
Escritura: transfusión de sangre.
Grito: silencio rebalsado.
Humanidad: capacidad de rebatir al mal.
Humor: humanizar al error.
Identidad: alma a la luz.
Nostalgia: impuesto a la infancia.
Olvido: la alquimia del abandono.
Política: la moral negociada.
Privilegio: la ceguera que no creemos.
Profesión: dado estrellado contra el tiempo.
Ser: caer en sí.
Soledad: hermana del miedo, condición de
vacío.
Ternura: vivir a pesar de lo sabido.
Tristeza: la gravedad de las lágrimas.
Vejez: cadencia de caídas.
Vulnerabilidad: [ver: valentía].

CONSUELOS

1.
La cicatriz
es solo un lunar
que ha tardado en llegar.

2.
El dolor acaba:
por eso es dolor.

3.
La noche, inobjetiva,
dura poco.

4.
Nunca seré lo que soñaba
pero si lo que nunca soñé ser.

LA DISTANCIA

Entre nosotros, el abismo.
En el metro, un apriete de abismos.
Sobre tu piel, el precipicio.
En el beso, el puente endeble.

DIOSES, DEBATES, DEFINICIONES

Dios es lo que no se ve.
Dios es el invento de la pena.
Dios es la precisión de la duda.
Dios es el opio del odiado.
Dios es el alcohol del asceta.
Dios es la sombra de la sangre.
Dios es eufemismo de universo.
Dios es arquitecto del universo.
Dios es amanuense del universo.
Dios es el salario de la fe.
Dios es el substituto al salario.
Dios es el camino hacia el mapa.
Dios es la directora de la obra.
Dios es el telón de la obra.
Dios es la respuesta a la pregunta.
Dios es la pregunta sin respuesta.
Dios es la pregunta sin propósito.
Dios es el debate pérfido.
Dios es el árbitro de la vergüenza.
Dios es el horizonte que no se aleja.
Dios es la definición del delirio.
Dios es la esfera de la nostalgia.
Dios es la belleza explicada.
Dios es la belleza subestimada.

LO QUE NO PREGUNTAMOS

¿De dónde vienes? *¿De quién vienes?*
¿A dónde vas? *¿Qué estás dejando?*
¿Cómo has estado? *¿Cómo estás cambiando?*
¿Dónde has estado? *¿Qué sobreviviste?*
¿Estás bien? *¿Cuáles son tus ausencias?*
¿Qué te gusta? *¿Cuál es tu oxígeno?*
¿De qué trabajas? *¿De qué sueñas?*
¿Cómo puedo ayudarte? *¿Qué calma tu alma?*

EL PAÍS QUE NUNCA TUVE

En el país que nunca tuve
el himno cambia con las estaciones.

En los colegios
los estudios no abandonan a los estudiantes
y las materias no materializan la desidia.

En las aulas de historia
yacen cajas negras sin candado
porque no hay país sin pena en su pasado.

En el país que nunca tuve
todas las escuelas son especiales
y las tres primeras lecciones consisten en
cómo aprender del otro
cómo escuchar al cuerpo
y cómo encontrar la voz.

En los parques públicos
fruteros dejan caer dudas inmaduras
y cantores callejeros regalan
tangos sin melancolía.

En los mares del país
los nadadores llegan al horizonte
los muelles abandonan su enlazo
y pescadores duermen entre jarcias
hamacados por sus sueños.

En el país que nunca tuve
el estado de derecho
no lleva dos juegos de libros.

En el país que nunca tuve
se celebra la gloria del desperfecto
porque todos decimos cosas que no son nuestras
y todos somos más que nuestro peor pecado.

En las calles del país que nunca tuve
estadistas miden todas las pobrezas:
pobreza de tiempo, pobreza de sustento
pobreza de amor, pobreza del aire.

En el país que nunca tuve
la vejez no es un castigo
la diferencia es un don
y el amparo es un derecho.

En el país que nunca tuve
las fronteras se dibujan con lápiz
y se conmemoran las guerras patrióticas:
las guerras que impedimos.

En el país que nunca tuve
las ciudades son viveros
donde árboles se abrigan con pájaros
que cantan sus mapas por la mañana.

En el país que nunca tuve
cada día es festivo
cada ilusión es sagrada
toda tierra es protegida
y el perdón es la bandera
que flamea en los mástiles
de cada esperanza.

En el pais que nunca tuve
los poemas no son placebos
o juegos de quimeras
forjados en patrias de piedra.

JUVENTUD (CICLO)

No sé qué hacer
No sé qué ser
No sé ser
No sé
sé

RECORDATORIO DEL INMIGRANTE

Yo soy más que la suma de mis papeles.

Yo soy más que el calado de mis manos.

Yo soy más que el sueño que pospuse.

Yo soy más que los hilos sueltos de mi tejer.

Yo soy más que mi desprecio.

Yo soy más que la distancia
entre mis pies y mi retorno.

DESACUERDOS

La mente miente
dice el corazón.

El corazón castiga
dice la mente.

La mente menosprecia
reclama el corazón.

El corazón calumnia
reclama la mente.

La mente arma trampas
advierte el corazón.

El corazón deja desilusiones
advierte la mente.

La mente no entiende
señala el corazón.

El corazón no piensa
señala la mente.

Y así, enfrentándose,
entre cargos y castigos,
acuerdan el sentir.

INMANENCIA

La vida
simplemente
lucha por ser.

En el agua
flotan los cuerpos
porque hasta la muerte
resiste el olvido.

SILENCIOS – II

Mi voz está hecha
de todas las palabras
que iba a decirte.

BÁLSAMO

Tardé demasiado en entender
que los recuerdos tristes
no se amputan
no se refutan
no se olvidan
se perdonan.

LA HORA QUE OFUSCA EL AHORA

Llora el calendario.
El hombre enfunda sus canas.
El joven derrama sus días.
La anciana exhuma su infancia.
El país exagera su edad.
El péndulo longevo disipa su rigor.
El hielo demora su derrite.
La maquinaria mueve hacia al museo.
La alumna acucia las horas.
El apuro codicia el compás del árbol.
La religión se sujeta al infinito.
Él cuenta sus años en los ciclos del lavarropas.
Ella cuida al padre que la cuidó.

Luchamos con lo que tenemos más cerca.

El tiempo,
nuestro metrónomo de soledad,
palpita al lado del corazón
calcando su ritmo
hasta zarpar.

POÉTICA

La poesía es
lavado de lenguaje
mendigue de metáforas
adorno al reflejo
epidemia de ecuaciones
espejo de espinas
sangre del saber
danza de cortinas
autopsia de impulsos
ciencia de cenizas
incendio del idioma
comprobar la belleza
definir la poesía

CANASTA BÁSICA

un puñado de paciencias
una memoria porosa
un kilo de desnudez
una orilla de silencio
una tapia de principios
unas presas del azar
un mapa de agua
tres canciones de cuna
unos caminos de tiza
un mazo de naipes descartados
una venda de semillas
una guitarra desafinada
un caligrama de confesiones
un ramo de ásperos deseos
un par de contradicciones admitidas
antídotos para la abulia
una llave de asombro

VERTE INERTE
O UN PERFIL DEL PARÁLISIS

Sintió el diagnostico antes de escucharlo.

Lo único que podía mover
eran sus párpados y sus labios.

Pero no podía secar las lágrimas
ni tapar las palabras.

FORMULARIO DE ASILO

Discúlpenme la molestia pero
vengo de un país cegado.

Créanme, me quería quedar
pero mi tierra quedó inundada
por aguas que nadie sabía nadar.

Huí en un buque sin aire
aferrado a glóbulos de espuma.

Traspasé todas las fronteras
entre noches y días
entre tierras y tierras
entre vidas y muertes.

Y llegué,
con todos los papeles necesarios:
una orden de fuga
un certificado de renacimiento
un diploma de enfermero
un pasaporte trizado en púas.

Vengo mal acompañado.
Me queda poca familia
o ninguna.
De padre solo tuve al Abandono
y a mi madre nunca la conocí.

Ustedes entenderán mi infortunio.
Al fin y al cabo
todos los árboles familiares
llevan ramas quemadas.

No seré carga.
Conozco muchas cosas:
la arritmia, la orfebrería
la caligrafía de las elipses
las artes de la incerteza.

Seré un buen ciudadano.
En mi tiempo libre
no hago más que recordar.

Les pido por favor
en honor a la hermandad
ofrézcanme una oportunidad.

En su idioma
solo conozco dos palabras:
sorpresa y derrumbe.
Pero aprenderé, rápido.

Lo prometo.

ENVEJECER DE JOVEN

La adolescencia está terminando
su recorrido, su derrame determinante
de ansias y devenires.

Ha dejado su peso en el camino
poblándome de miopías
de certezas endebles
y besos incómodos.

La inocencia también ya se despide.
La niñez pide su disfraz.
Cada instante anuncia su eco.

En unos años no más
estas células renacerán
esta capa de piel será otra
y esta edad no será más que
un recuerdo incompleto, idealizado
un lento olvido del espejo.

VÍA LÁCTEA

Miramos las opacas estrellas
rociadas en el delantal de la noche.

Miramos la oscuridad detrás de la oscuridad.

Miramos lo que no sabemos mirar.

Miramos hasta que nos duele mirar
lo que es a la vez
todo
y nada.

EPÍLOGO

Yo olvido.
Tú olvidas.
Y lentamente
nos olvidamos
hasta convertirnos en memoria.

LA DESAZÓN

Se busca
Se busca
Se busca
Se busca
Se busca
Se buscó

RETRATO DE UNA VIUDEZ

su boca enjuta mordisquea un cigarrillo

entre las tinieblas del fumar
juzga la calle desde el balcón
percibe pedazos de conversaciones

piensa su soledad
toma bocanadas de nada

aguanta el calor seboso del letargo
el tardo caudal del día

cuando se estrella el sol
con el horizonte
y desangra el cielo
se levanta
cruza hilos de humo
entra a la ducha
y enjuaga
las ampollas del corazón

INSOMNIO

No puedo dormir
porque pienso en alguien
en algún rincón del mundo
que no puede dormir.

Dormir es dejar el día, le digo
¿qué hacen los que no pueden?

Dormir es morir con fe, me dice
¿qué hacen los que no la tienen?

ESCRITURA

La página tiembla, el agua.

Las palabras tiemblan, la luna.

La tinta media y junta en destello.

SILENCIOS – III

Lo que no abre mis labios
es lo que abre mi corazón.

SUSPIROS

no verte
es verme
sin ti

*

sin estar
nunca te vas

*

¿Cómo?
¿Cómo llorarte?

*

Para no tener que vivirla.
el escritor
escribía sobre la vida

*

Tanta vida.
Tanta vida carcomida.

*

por encima de las razones
están tus ojos

*

No fue difícil encontrarte.
Estabas sentada sobre
el ala de mi alivio.

*

Los dioses más incapaces
son los más cercanos.

*

No me acuerdo que soñé
pero sí que emanaba el anhelo
de volver a lo que nunca fue.

*

tan poca gente
y tanta soledad

*

todo lo que perdí
lo encontré en ti

CARENCIA

del cuerpo. del silencio. del agua.
del afecto. del trago. de la canción.
de talento. de ropa. de paciencia.
de labios. del coraje. de atracción.
del habla. de habilidad. del hastío.
de carrera. de plata. de sentido.
de sueño. de vigor. de la plegaria.
de ley. de tiempo. de salud.
de privacidad. de padre. de la medicina.
del deseo. del respiro. del secreto.
del ruido. de la luz. del perdón.
de soledad. de intimidad. del vendaje.
de confianza. de empatía. del diccionario.

BÁLSAMO – II

En las afueras del cine
un padre consuela a su hija.

Durante el noticiero ciego
una madre aquieta el volumen.

En los márgenes del despertar
la razón sacude al sueño.

En los bordes de la veracidad
la realidad abraza a la ficción.

ATLAS

dibuja al mundo en la arena
intenta darle su forma

el pico inverso de la India
la espalda arqueada de las Américas
el norte tachonado de Rusia
las islas sueltas de los mares

ilustra a los inmensos océanos
las sombras de sus profundidades

dale color a los valles
las crestas de las cordilleras
los llanos y los bosques

no olvides la topografía de lo intocable

territorios de tumbas
todos los golpes de estado
el expolio de esencias
las mil miradas del ojo humano
la impunidad de los siglos
el inagotable volumen del sentir
los infinitos epicentros de la belleza

DESAFÍO

Dejar de buscar la esperanza
y serla.

PARA VOLVER A MIRAR

Mira.
Mira las marcas del peligro:
el éxodo de constancias
las furias del aire
las fronteras rayadas por sangre
los pulmones de la derrota
la raspa de las vigas que sostienen al Mundo.

Juntos arrojan la voz muda de las heridas.

Cada hora
emisarios de endeblez
descargan ladrillos ardientes
en la costa.

Se amontonan
escondiendo el horizonte
rasgando cada hoja de posibilidad.

La destrucción
es un proceso gradual de sordera
y en la antesala cuesta escuchar.

Aquí estamos:
nuestra ley, vacía
nuestro amor, capaz.

La justicia será
reunir una fuerza
para sostener las previsiones del miedo
y encender piedades en el destino.

ORACIÓN SIN DIOS
O UN PRELUDIO AL SUEÑO

en memoria a todos que nos dejaron hoy
a los internados
a las exiliadas
a los solos
a las abandonadas
a los despreciados
a las que no se encuentran
a los desechados
a las desposeídas
a las hijas de sequías
a los que no consiguen dormir
y a las que duermen en tristezas
para las personas cuyos amores no son suyos
para las personas cuyos cuerpos no son suyos
a todos los transeúntes de este péndulo

que la noche limpie la pena
y que amanezca el alivio

que la crueldad deserte su vicio

que la malicia no camine en nosotros

que cada angustia sea efímera

que el viento inhale cada ahogo

que las balas solo encuentren a sí mismas

que la guerra no sea guarida

que la frase despunte al filo

que la enfermedad ineludible demore su arribo

que la ambición no se aprese de nosotros

que las casas sean su nombre

que la justicia pese más que su promesa

que los gobernantes excedan el sacrificio de los pueblos

que la empatía abrace al instinto

que escuchemos al agua y su estiaje

que logremos desafiar las leyes de la rutina

que no nos asuste nuestra honradez

que el asombro abandone su anomalía

que podamos aceptar y querer
a nuestros cuerpos y nuestros seres
los únicos que tenemos

que sepamos merecer a la belleza

que podamos robarle vida a la muerte

que insista la esperanza

que esta alma descanse
hasta que nazca otro día
diferente

DIÁLOGO DE MIL DISTANCIAS

En las vísperas de su deportación, los dos
prometieron rebelarse contra las maldiciones
de la correspondencia: la mirada indiscreta
de los censores y las imprecisiones del
sentimiento traducido.

Al principio, se mandaban gránulos de arena.
Fragmentos de amaranto. Un reloj roto.
Una semilla de maíz. Dos velas partidas por
la mitad.

Una vez, él envió una simple nota, atrapada
entre los barrotes de la música.

Ella devolvió una pequeña caja de canciones.

Una punta de mantel. Hojas, cenizas de tiza,
carozos de damasco.

A veces se mandaban silencio. Durante meses,
abrían sobres vacíos.

Una paleta de colores, polvo de ladrillo, un
parche, flores cortadas.

Los años y las cartas pasaban. Los dos

acumulaban altares. Un haz de recetas pintadas, llaves astilladas, rozo de manzanos, un mechón de pelo plateado.

Hasta que uno de los dos recibió las palabras que siempre habían temido.

LA BAHÍA DE LAS TORTUGAS
PERDIDAS

Donde sueñan las ballenas varadas
Donde vuelven las tortugas perdidas
Donde el viento deja las cenizas
Donde llegan barriletes fugitivos
Donde cantan las campanas quebradas
Donde se levantan edificios suplidos
Donde las heridas aprenden a sanar
Donde amanecen estrellas envejecidas
Donde caen las lágrimas que no liberamos
Donde perduran infancias abandonadas
Donde cuerdas rotas recuperan su harmonía
Donde lucen las fotografías que nunca tomamos
ahí está el cielo.